Impressum

Verlag: BABADADA GmbH, Nedderfeld 112 , 22529 Hamburg

Geschäftsführer / Verlagsleitung: Harald Hof

Druck: Books on Demand GmbH, In de Tarpen 42, 22848 Norderstedt

Imprint

Publisher: BABADADA GmbH, Nedderfeld 112 , 22529 Hamburg, Germany

Managing Director / Publishing direction: Harald Hof

Print: Books on Demand GmbH, In de Tarpen 42, 22848 Norderstedt

# قوتابخانە

# shule

پۆل
sajili
دابەشکردن
kugawanya
186/2
تەختە
ubao
مامۆستا
mwalimu
کاغەز
karatasi
نووسین
kuandika
پێنووس
kalamu
مێزی نووسین
dawati
خەتکێش
rula
کتێب
kitabu
خوێندکار
mwanafunzi

چەواڵ

mkoba

جانتای پێنووس

kikasha cha penseli

پێنووس

penseli

تیژکەرەوەی پێنووس

kichonga penseli

ڕەشکەرەوە

mpira

پەدی نیگارکێشان

pedi ya kuchora

نیگارکێشان

uchoraji

فڵچەی ڕەنگ

brashi ya rangi

قوتووی ڕەنگ

sanduku la rangi

مەقەست

mkasi

چەسپ، کەتیرە

gundi

کتێبی ڕاهێنان

daftari

کاری ماڵەوە

kazi ya nyumbani

ژمارە

nambari

2+2

زیدەکردن

jumlisha

کەمکردن

ondoa

2×2

لێکدان

zidisha

حسابکردن، ژماردن

kokotoa

A

پیت

barua

ABCDEFG
HIJKLMN
OPQRSTU
VWXYZ

ئەلفوبێ

alfabeti

hello

وشە

neno

نووسراوە، دەق

maandishi

خوێندنەوە

kusoma

گەچ

chaki

خول، دەرس

somo

تۆمارکردن

sajili

ئەزموون، تاقیکردنەوە

uchunguzi

بڕوانامە

cheti

جلی قوتابخانە

sare za shule

پەروەردە

elimu

زانیاری نامە

elezo

زانکۆ

chuo kikuu

میکرۆسکۆپ

darubini

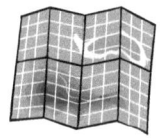

خەریتە، نەخشە

ramani

سەبەتەی کاغەز

kikapu cha kuweka karatasi chafu

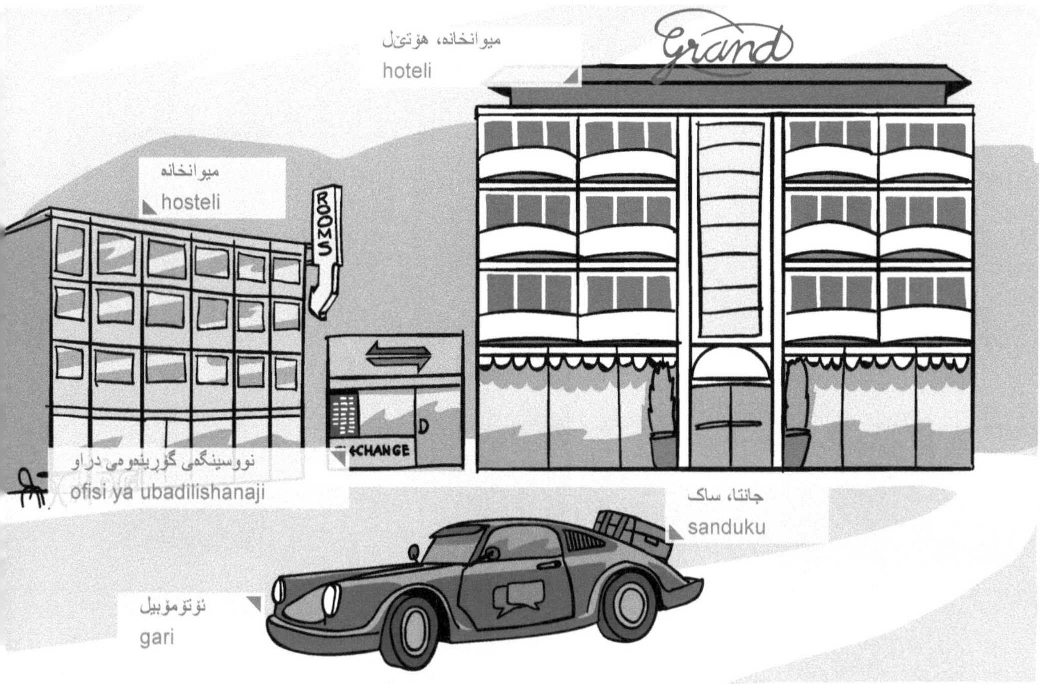

میوانخانە، هۆتێل
hoteli
Grand
میوانخانە
hosteli
ROOMS
نووسینگەی گۆڕینەوەی دراو
ofisi ya ubadilishanaji
EXCHANGE
جانتا، ساک
sanduku
ئۆتۆمۆبیل
gari

زمان

lugha

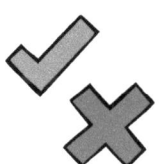

بەڵێ / نەخێر

ndiyo / la

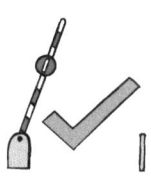

باشە

sawa

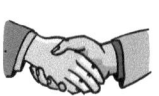

سڵاو

hujambo

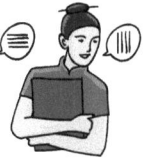

وەرگێڕی دەق

mtafsiri

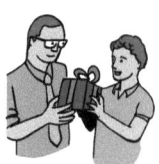

سپاس

Asante

بەچەندە ...؟

kiasi gani ni ...?

من تێناگەم

Sielewi

کێشە

tatizo

ئێوارە باش!

Jioni njema!

بەیانی باش!

Habari za asubuhi!

شەو باش!

Usiku mwema!

ماڵئاوا، بەخێرچی

kwa heri

ئاراستە، ڕێڕەو

mwelekeo

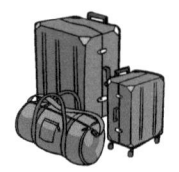

جانتا

mizigo

جانتا

mfuko

کۆڵەپشتی

shanta

میوان

mgeni

ژوور، دیو

chumba

کیسەخەو

begi la kulalia

چادر، دەوار

hema

زانیاری بۆ گەشتیار

taarifa ya utalii

کەناراو

ufuo

کارتی قەرز

kadi

نانی بەیانی

kifunguakinywa

نانی نیوەڕۆ

chakula cha mchana

نانی شەو

chakula cha jioni

بلیت

tiketi

ئاسانسۆر

kuinua

پوول، تەمر

muhuri

سنوور

mpaka

گومرک

mila

باڵوێزخانە

ubalozi

ڤیزا

visa

پاسەپۆرت

pasipoti

# گواستنەوە

# usafiri

کەشتی
meli
مەکینەی ئاگرکوژێنەوە
injini ya moto
پاس
basi
لۆری
lori
بەلەمی ماتۆڕی
motaboti
دووچەرخە، پایسکل
baiskeli
ئۆتۆمۆبیل
gari

کەشتی گواستنەوە

..................

feri

بەلەمی ماتۆڕی

..................

mashua

ماتۆڕ

..................

pikipiki

ئوتومبێلی پۆلیس

..................

gari la polisi

ئوتومبێلی پێشبڕکێ

..................

gari la mashindano

ئۆتۆمۆبیلی کرێ

..................

gari la kukodisha

ئۆتۆمۆبیل هاوبەشکردن
.................
kushiriki gari

لۆری ڕاکێشکردن
.................
lori la kuvuta

لۆری زبڵ
.................
ukusanyaji taka

ماتۆڕ
.................
motor

سووتەمەنی
.................
mafuta

وێستگەی بەنزین
.................
kituo cha mafuta

تابلۆی هاتووچۆ
.................
ishara trafiki

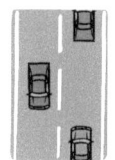

هاتووچۆ
.................
trafiki

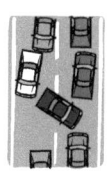

ترافیک
.................
msongamano

شوێنی ڕاگرتنی ئۆتۆمۆبیل
.................
maegesho

وێستگەی شەمەندەفەر
.................
kituo cha treni

هێڵی ئاسن
.................
reli

شەمەندەفەر
.................
garimoshi

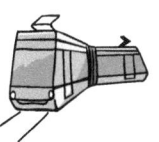

قەتاری سەرشەقام
.................
tremu

داشقە
.................
gari la mizigo

هەلیکۆپتەر

helikopta

فڕۆکەخانە

uwanja wa ndege

بورج

mnara

نەفەر

abiria

دەفر، کانتینەر

chombo

کارتۆن

katoni

داشقە

mkokoteni

سەوەتە

kikapu

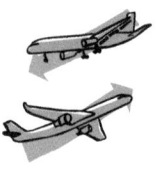

هەڵفڕین / نیشتن

ondoka

## شار

## jiji

گوند، دێهات

kijiji

ناوەندی شار

katikati ya jiji

ماڵ، خانوو

nyumba

سینەما
sinema
CINEMA
ڕێکلام
tangazo
چرای شەقام
taa za mitaani
شەقام
barabara
تاکسی
teksi
کیوسک
duka la vitafunio
پیادە
mtembea kwa migu
شوستە
njia ya waenda kwa miguu
شوێنی پەڕینەوە
kivuko
دەفری زبڵ
pipa
پەڕینەوەی بەردەباز
kuvuka
چرای ترافیک
taa za trafiki

خانووچکە

kibanda

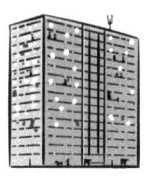

نهۆم، باڵەخانە

gorofa

وێستگەی شەمەندەفەر

kituo cha treni

کۆشکی شارەوانی

ukumbi wa mji

مۆزەخانە

Makavazi

قوتابخانە

shule

زانکۆ

chuo kikuu

بانک

benki

نەخۆشخانە، خەستەخانە

hospitali

میوانخانە، هۆتێل

hoteli

دەرمانخانە

duka la dawa

نووسینگە، فەرمانگە

ofisi

کتێبفرۆشی

duka la kitabu

دووکان

duka

گوڵفرۆشی

duka la maua

سوپەرمارکێت

dukakuu

بازار

soko

فرۆشگا

idara ya kuhifadhi

ماسیفرۆش

mwuza samaki

ناوەندی کڕین

kituo cha ununuzi

بەندەر

bandari

پارک

Hifadhi

کورسی درێژ

benki

پرد

daraja

پێ پیلکان

vidato

ژێرزەوی

chini ya ardhi

تونێل

handaki

وێستگەی پاس

kituo cha mabasi

مەیخانە

bar

ڕێستورانت

mgahawa

سندووقی پۆست

sanduku la posta

تابلۆی شەقام

ishara ya barabara

پێوەری پارکینگ

mita ya maegesho

باخچەی ئاژەڵان

bustani ya wanyama

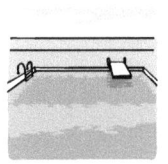

حەوزی مەلە

kidimbwi cha kuogelea

مزگەوت

msikiti

مەزرا

shamba

پیسبوونی ژینگە

uchafuzi

قەبرستان، گۆرستان

makaburini

کەنیسە

kanisa

شوێنی یاری

uwanja wa michezo

پەرستگا

hekalu

## دیمەن

# mazingira

گەڵا
jani

تابڵۆی ڕێنیشاندەر
ishara ya mwelekeo

ڕێگا
njia

مەڕگ
malisho

بەرد
jiwe

دار
mti

شاخەوان
mtembeaji wa masafa

ڕووبار، چەم
mto

گژوگیا
nyasi

گوڵ
ua

دۆڵ، شیو

bonde

بەرزایی

kilima

دەریاچە

ziwa

دارستان

msitu

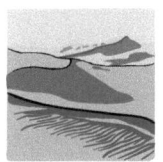

چۆڵەوار

jangwa

بورکان

volkano

قەڵا

ngome

کۆلکەزێرینە

upinde wa mvua

کارگ

uyoga

دارخورما

mtende

مێشوولە

mbu

مێشوولە

kuruka

مێروولە

chungu

مێش هەنگوین

nyuki

جاڵجاڵووکە

buibui

قالۆنچە

mende

بۆق

chura

سمۆرە

kuchakuro

ژیشک

nungunungu

کەروێشکە کێوی

sungura

کوند

bundi

باڵەندە

ndege

قازی سپی

swan

بەرازی کێوی

nguruwe mwitu

ئاسک

kulungu

بزنە کێوی

aina ya kongoni

بەنداو

bwawa

تۆربینی با

tabo ya upepo

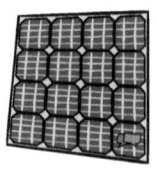

پەڕەی خۆری

nishaji ya jua

ئاووهەوا

hali ya hewa

# ڕێستۆرانت

# mgahawa

خزمەتکار
mhudumu
لیستە، پێرست
menyu
کورسی
kiti
سووپ، شۆرباو
supu
پیتزا
piza
سفرە
kitambaa cha mezani
چەقۆ و چەتاڵ
vilia

خواردنی دەستپێک

kiamsha hamu

خواردنی سەرەکی

kozi kuu

دێسێر

kitindamlo

خواردنەوە

vinywaji

خواردن

chakula

بوتڵ

chupa

خواردنی خێرا
.................
chakula cha haraka

خواردنی سەرشەقام
.................
Streetfood

قۆری
.................
buli

قوتووی شەکر
.................
kisanduku cha sukari

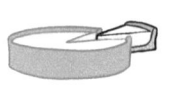

بەش
.................
sehemu

ئامێری سازکردنی قاوەی ئێسپرێسۆ
.................
mashine ya espresso

کورسی بەرز
.................
kiti kirefu

تێچوو
.................
muswada

کەشەف
.................
trei

چەقۆ
.................
kisu

چنگاڵ
.................
uma

کەوچک
.................
kijiko

کەوچکی چا
.................
kijiko cha chai

دەسماڵ
.................
nepi

لیوان، پەرداخ
.................
glasi

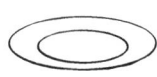

قاپ، دەوری، دەفر

sahani

قاپی شۆرباو

sahani ya supu

ژێرپیاڵە

sufuria

سۆس

mchuzi

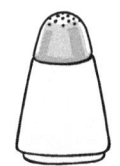

خوێدان

kichanyaji chumvi

هاڕەری بیبار

kinu cha pilipili

سرکە

siki

ڕۆن

mafuta

بەهارات

viungo

دۆشاوی تەمات، سۆسی تەماتە

kechapu

سۆسی موستارد

haradali

سۆسی مایۆنێز

kachumbari nzito

# سوپەرمارکێت

## dukakuu

داشکاندنی تایبەتی
ofa maalum
FOR
مشتەری
mteja
شیرەمەنی
maziwa
میوە
matunda
داشقە
toroli

دووکانی قەسابی

mchinjaji

نانەواخانە

mwokaji

کێشان

uzito

سەوزی

mboga

گۆشت

nyama

خواردنی بەستوو

chakula waliohifadhiwa

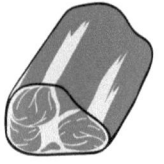

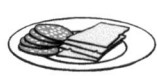

گۆشتی سارد

vipande vya nyama baridi

خواردنی کۆنسێرڤ

chakula cha kopo

دەرمانی بشۆر

sabuni ya unga

شیرینی

pipi

بەرهەمی خۆماڵی

bidhaa za kaya

بەرهەمی خاوێنکردنەوە

bidhaa za kusafisha

فرۆشیار

mtu mauzo

ژمێرەر

mpaka

ژمێریار، خەزنەدار

keshia

لیستی کڕین

orodha ya manunuzi

کاتی دەوام

masaa ya ufunguzi

کیسەباخەڵ، جزدان

mkoba

کارتی قەرز

kadi

توورەکە، کیسە

mfuko

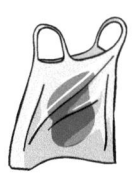

توورەکە

mfuko wa plastiki

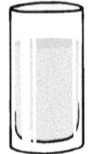

# خواردنەوە

# vinywaji

ئاو

maji

شەربەت

sharubati

شیر

maziwa

خەڵووز

coke

شەراب

mvinyo

بیرە

bia

ئەڵکوڵ

pombe

کاکاو

kakao

چایی، چا

chai

قاوە

kahawa

قاوەی ئێسپرەسۆ

spreso

کاپۆچینۆ

kapuchino

# خواردن
# chakula

مۆز

ndizi

سێو

tufaha

پرتەقاڵ

machungwa

کاڵەک

tikiti

لیمۆ

lemon

گێزەر

karoti

سیر

kitunguu saumu

حەیزەران

mianzi

پیاز

kitunguu

کارگ

uyoga

سەموونە، گوێز، ناوکە

karanga

نوودڵ

nudo

ماكارۆنی
..................
spageti

برینج
..................
mpunga

زەلاتە
..................
saladi

چپس
..................
vibanzi

پەتاتەی برژاو، پەتاتەی سوورۆکراو
..................
viazi vya kukaanga

پیتزا
..................
piza

هەمبرگەر
..................
hambaga

ساندویچ، دۆندرمە
..................
sandwichi

پارچە گۆشت
..................
kipande

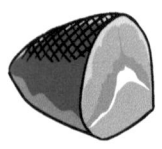

گۆشتی بەراز
..................
paja la mnyama

گۆشتی بەراز
..................
salami

سۆسیس
..................
soseji

مریشک
..................
kuku

برژاندن، نرژان
..................
choma

ماسی
..................
samaki

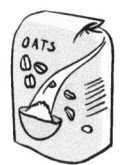

شۆرباوی ساوار
..................
oats ya uji

دانەوێڵەی تێکەڵ
..................
muesli

دانەی دانەوێڵە
..................
cornflakes

ئارد
..................
unga

کرۆسانت، نانێکی فەرەنسی
..................
kroisanti

نانی خڕ
..................
andazi

نان
..................
mkate

نانی برژاو
..................
mkate wa kubanika

بسکیت
..................
biskuti

کەرە، ڕۆنی کەرە
..................
siagi

سەرتوێژ، توێژ
..................
maziwa mgando

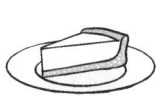

کەیک
..................
keki

هێلکە
..................
yai

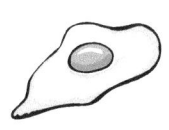

هێلکەی برژاو
..................
yai kukaanga

پەنیر
..................
jibini

بەستەنی، دۆندرمە

..................

aiskrimu

شەکر

..................

sukari

هەنگوین

..................

asali

مرەبا

..................

jemu

خامەی نۆگات

..................

kuenea kwa chokoleti

بەهارات

..................

mchuzi wa viungo

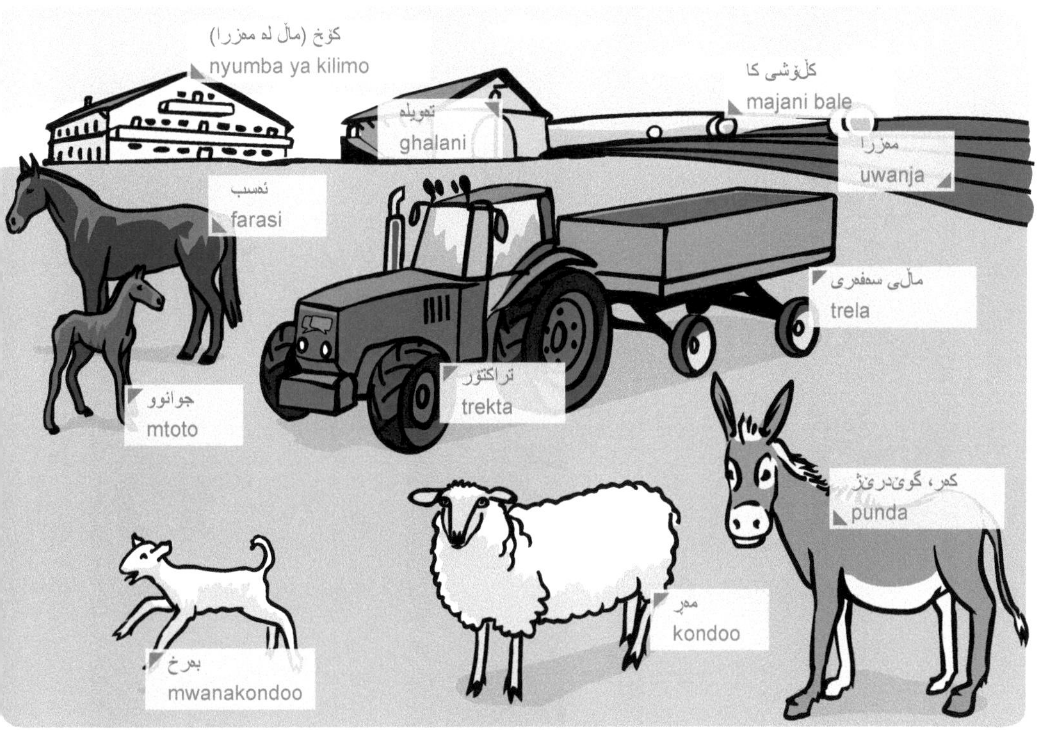

مەزرا

کۆخ (ماڵ لە مەزرا)
nyumba ya kilimo
تەویلە
ghalani
کڵۆشی کا
majani bale
مەزرا
uwanja
farasi
ماڵی سەفەری
trela
جوانوو
mtoto
تراکتۆر
trekta
کەر، گوێدرێژ
punda
مەڕ
kondoo
بەرخ
mwanakondoo

بزن
mbuzi

مانگا
ng'ombe

گوێلک
ndama

بەراز
nguruwe

فەرخە بەراز
mwananguruwe

جوانەگا
fahali

قاز

batabukini

مراوی

bata

جووچک

kifaranga

مریشک

kuku

کەڵەشێر

jogoo

جرج

panya

پشیلە

paka

مشک

panya

گا

ng'ombe

سە، سەگ

mbwa

کونە سە

nyumba ya mbwa

سۆندە

bomba la bustani

تونگەی ئاودان

debe la kumwagilia maji

ماڵەغان

fyekeo

گاسن

kulima

داس

mundu

مەڕە

jembe

شەنە

uma wa nyasi

تەور

shoka

عارەبانەی دەستیی

toroli

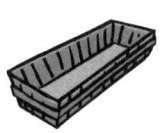

دەفری خواردنی ئاژەڵان

kupitia nyimbo

دەفری شیر

chombo cha maziwa

تەلیس

gunia

پەرژین

ua

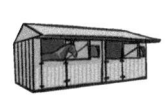

تەویلە

imara

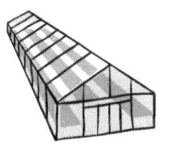

گوڵخانە

chafu

خۆڵ

udongo

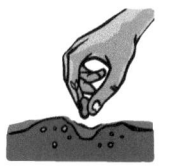

دەنک، نۆک

mbegu

پەین

mbolea

کۆمباین

kivunaji

دروێنەکردن

..................

mavuno

خەرمان

..................

mavuno

پەتاتە

..................

viazi vikuu

گەنم

..................

ngano

لووبیا، فاسۆلیا

..................

soya

پەتاتە

..................

viazi

گەنمەشامی

..................

mahindi

جۆرێک دەخڵودان

..................

rapa

داری بەری

..................

mti wa matunda

سێوبنەعەرزیلە

..................

muhogo

دانەوێڵەی تێکەڵ

..................

nafaka

دووکەڵکێش
chimni
سەربان
paa
بۆری ئاو
bomba la maji ya mvua
پەنجەرە
dirisha
گەراژ
gareji
زەنگی دەرگا
kengele ya mlangoni
دەرگا
mlango
دەفری زبڵ
pipa la taka
سندووقی نامە
sanduku la barua
باخ
bustani

ژووری دانیشتن
sebuleni

حەمام، ئاودەستخانە
bafu

چێشتخانە
jikoni

ژووی خەو
chumba cha kulala

ژووری منداڵ
chumba ya mtoto

ژووری نانخوارن
chumba cha kulia

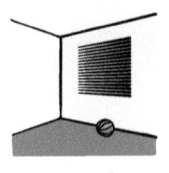

داڵان، ئەرز
................
sakafu

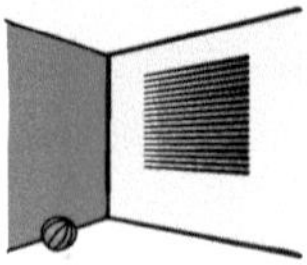

دیوار
................
ukuta

بن میچ
................
dari

ژێرزەمین
................
pishi

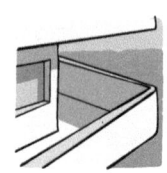

ساونا
................
sauna

باڵکۆن، هەیوان
................
roshani

هەیوان
................
mtaro

حەوز، مەلەوانگە
................
kidimbwi

گژوگیابڕ
................
mashine ya kukata nyasi

مەلافە
................
karatasi

مەلافەی نوێن
................
kitambaa cha kupamba kitanda

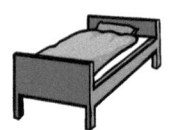

پێخەف، نوێن
................
kitanda

گسک
................
ufagio

سەتڵ
................
ndoo

سویچ، کلیل
................
kubadili

# ژووری دانیشتن

# sebuleni

کاغەزی دیواری
mandhari
وێنە
picha
لامپ، چرا، گڵۆپ
taa
rafu
کۆمێد
kabati
تەلەفیزیۆن
televisheni/runinga
ئاگردان
mekoni
گوڵ
ua
باڵەنج، سەرین
mto
سۆفا
sofa
گوڵدان
chombo cha maua
کۆنترۆڵ لە ڕێگەی دوور
kitenzambali

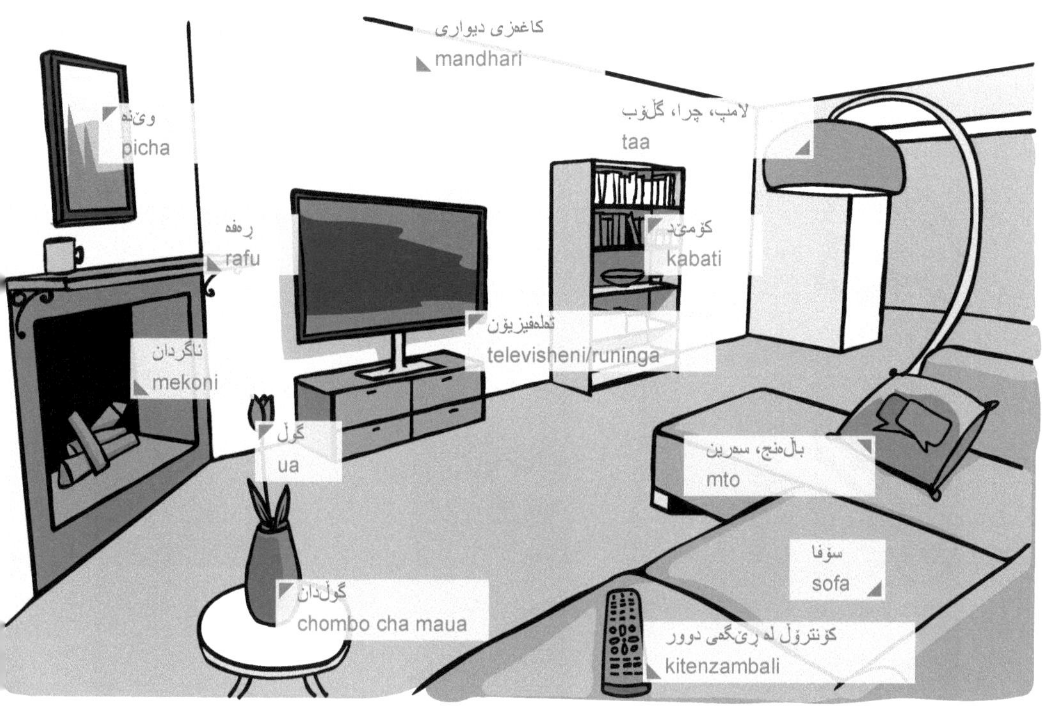

فەرش

zulia

پەردە

pazia

مێز

meza

کورسی

kiti

کورسی ڕاژاندن

kiti cha bembea

کورسی دەسکدار

armchair

کتێب

kitabu

پەتوو، بەتانی

blanketi

ڕازاندنەوە

mapambo

داری سووتاندن

kuni

فیلم

filamu

ستێریۆ

kifaa cha hi-fi

کلیل

ufunguo

ڕۆژنامە

gazeti

نیگار، نیگارکێشان

uchoraji

پۆستەر

bango

ڕادیۆ

redio

تیانووس

daftari

گسکی کارەبایی

kifyonza

کاکتووس

dungusi kakati

مۆم

mshumaa

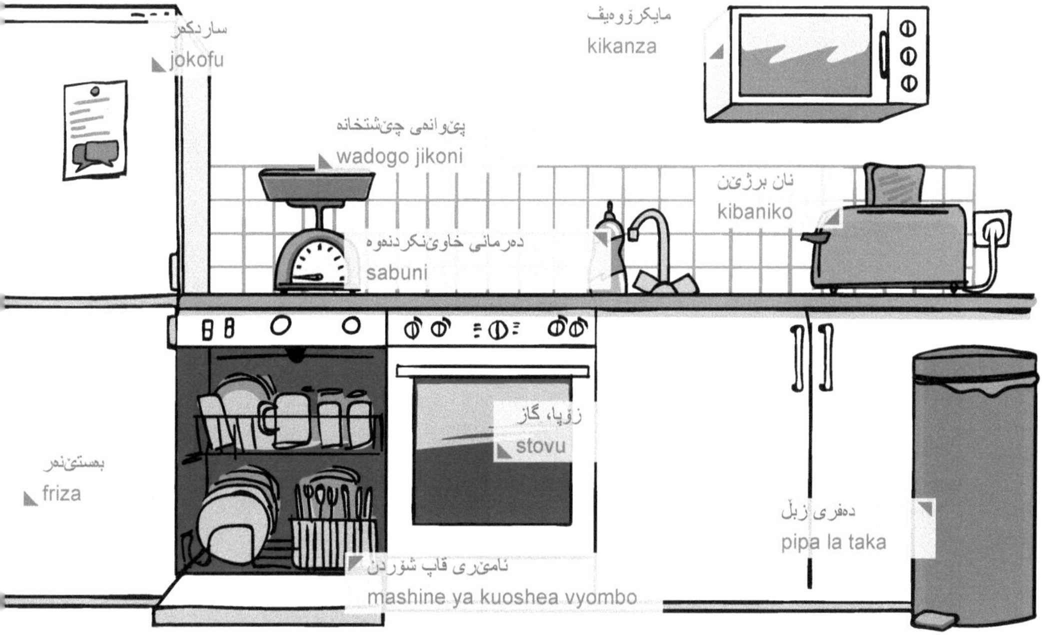

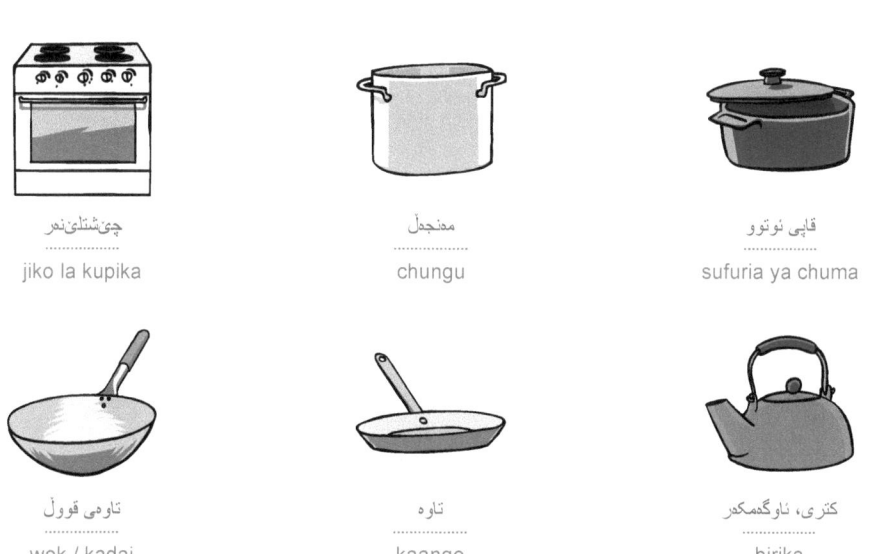

چێشتخانە

jikoni

ساردکەر
jokofu
مایکرۆوەیڤ
kikanza
پێوانەی چێشتخانە
wadogo jikoni
نان برژێن
kibaniko
دەرمانی خاوێنکردنەوە
sabuni
زۆپا، گاز
stovu
friza
دەفری زبڵ
pipa la taka
ئامێری قاپ شۆردن
mashine ya kuoshea vyombo

چێشتلێنەر

jiko la kupika

مەنجەڵ

chungu

قاپی ئوتوو

sufuria ya chuma

تاوەی قووڵ

wok / kadai

تاوە

kaango

کتری، ئاوگەرمکەر

birika

چێشتخانە - jikoni 35

چێشتلێنەری هەڵمی

stima

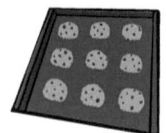

کەشەفی نانکردن

sinia ya kuoka

قاپ و قاچاغ

vyombo vya udongo

کۆپ

kombe

قاپ

bakuli

چیلکەی نانخواردن

vijiti vya kulia

ئەسکوێ

ukawa

کەوگیر

mwiko mpana

گسک

burashi

سووزمە

kichujio

بێژنگ

chujio

ئامێری جنینی پەنیر و سەوزە

mbuzi

دەستار

chokaa

برژاندن

barbeque

ئاگر

moto wazi

تەختەی وردکردن

..................

ubao wa majaribio

تیرۆک

..................

kijiti cha kusukuma unga

بورغی فلین

..................

kizibuo

قوتوو

..................

kopo

قوتووکەرەوە

..................

inaweza kopo

دەسرەی مەنجەڵ

..................

kishikio cha chungu

دەسشۆر

..................

karo

فڵچە

..................

brashi

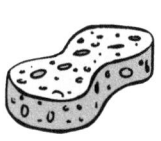

ئیسفەنج

..................

sifongo

تێکەڵکەر

..................

kisagaji matunda

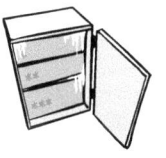

قەرسێ

..................

friji ya kina

شووشە شیر

..................

chupa ya mtoto

شێری ئاو

..................

bomba

# حەمام، ئاودەستخانە

## bafu

زۆپا/گەرمکەر
joto
دووشی ئاو، خورژم
mfereji wa kuogea
خاولی
taulo
پەردەی حەمام
pazia la kuogea
کەفی حەمام
maji ya kuoga yenye povu
حەوزی حەمام
hodhi
لیوان، پەرداخ
glasi
ئامێری دەفرشوتن
mashine ya kuosha
bomba
کاشی
vigae
ئاودەستی منداڵان
poti
دەسشۆر
karo

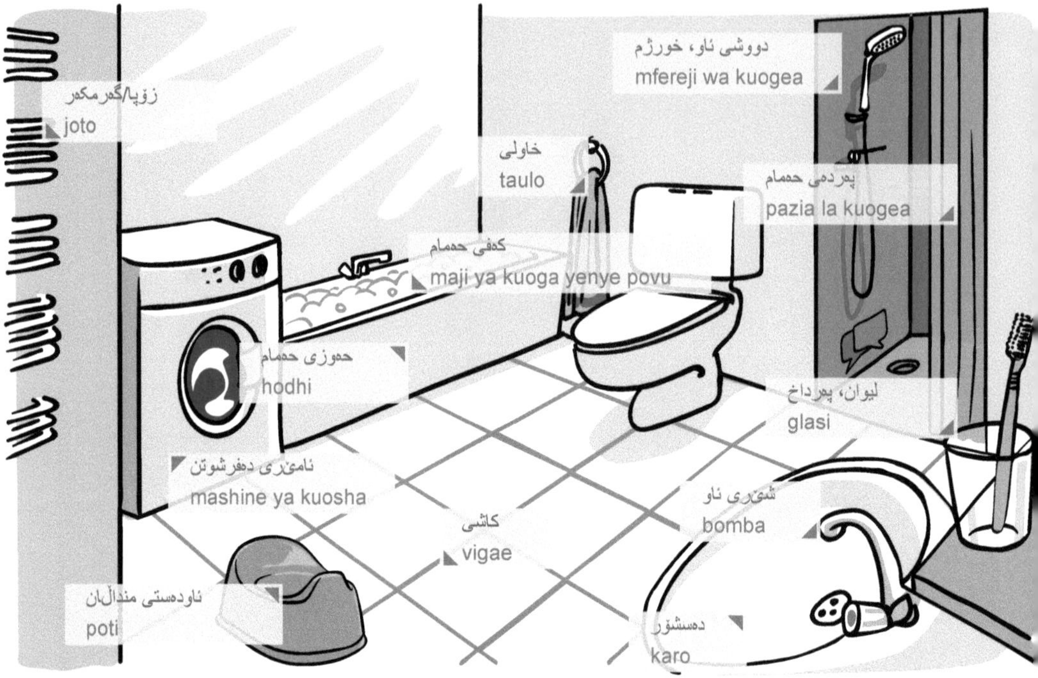

ئاودەست، توالێت

choo

توالێتی نزم، ئاودەست

choo cha squat

جۆرێک توالێت

beseni la mviringo

توالێت، ئاودەست

choo cha umma

کاغەزی ئاودەستخانە

shashi

فڵچەی ئاودەستخانە

brashi ya choo

فڵچەی ددان

.................

mswaki

خەمیری ددان

.................

dawa ya meno

بەنی ددان

.................

dawa ya meno

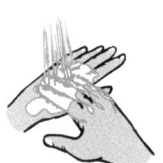

شۆردن، شوتن

.................

safisha

خورژمی دەستی

.................

kuoga mkono

دووش

.................

msukumo wa maji

کاسەی دەستوچاوشوتن

.................

bonde

فڵچەی پشت

.................

mpako wa pili

سابوون

.................

sabuni

جێڵی خۆشوتن

.................

jeli ya kuogea

شامپۆ

.................

shampuu

فلانێل

.................

flana

ئاوەڕۆ

.................

toa maji

کرێم

.................

krimu

بۆنخۆشکەرە

.................

kiondoa harufu

ئاوێنە

kioo

ئاوێنەی دەستی

kioo mkono

مەکینەی ڕیش تاشین

kinyozi

سابوونی ڕیش تاشین

povu la kunyoa

کرێمی دوای ڕیش تاشین

baada ya kunyoa

شانە

kichana

فڵچە

brashi

سێشوار، سەرئیشککەرەوە

kikausha nywele

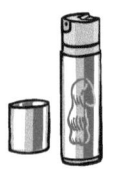

سپرەی قژ

marashi ya nyewele

سووراوسپیاو

vipodozi

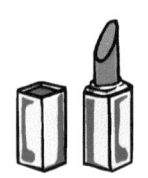

سووراو

kidomwa

ڕەنگی نینۆک

varnish ya msumari

لۆکە

pamba

مەقەستی نینۆک

mkasi wa kucha

عەتر

manukato

کیسەی حەمام

..................

mkoba wa kuosha

کورسی بێ پشت

..................

kinyesi

پێوەر

..................

mizani

خاولی حەمام

..................

nguo ya kuoga

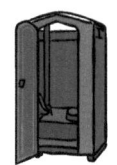

دەستەوانەی چەرم

..................

glavu za mpira

تامپۆن

..................

kisodo

خاولی خاوێنکردنەوە

..................

sodo

ئاودەستی کیمیایی

..................

kemikali choo

# ژووری منداڵ

# chumba ya mtoto

saa ya kengele
گەمەی شیرن
kidoli cha kupakata
ماشێنی یاری
gari bandia
شەقشەقەی منداڵ
kelele
خانووی بووکەشووشە
chumba cha midoli
دیاری
sasa

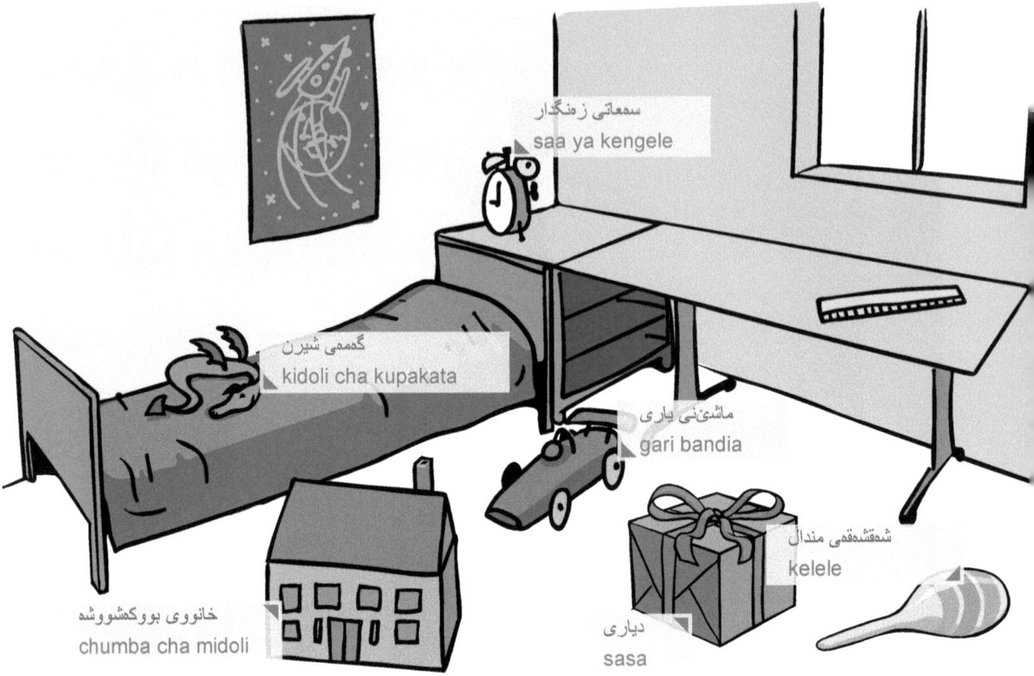

باڵۆن

baluni

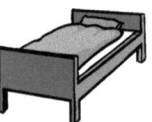

پێخەف، نوێن

kitanda

داشقەی منداڵ

mashua

گەمەی کارت

staha ya kadi

مەتەڵ، مەتەڵۆک

mchezo-fumb

کۆمێدی

vichekesho

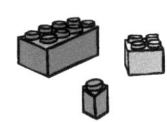

خشتی لێگۆ

matofali lego

خشتی یاری

vitalu mwigo

بووکە شووشە

hatua takwimu

جلی منداڵ

suti ya kulalia

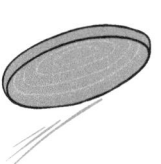

یاری فریزبی

kisahani

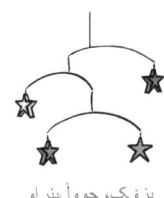

بزۆک، جووڵێنراو

simu

یاری تەختە

ubao wa michezo

مۆرە

kete

مۆدێلی شەمەندەفەر

garimoshi mwigo

مەمکە مژە

dummy

میوانی، جەژن

chama

کتێبی وێنەدار

picha kitabu

تۆپ

mpira

بووکەشووشە

kikaragosi

کایە کردن، یاری کردن

kucheza

قۆرتی خیزوخۆڵ
..................
shimo la mchanga

جۆلانە
..................
bembea

کایەی منداڵان، یاری منداڵان
..................
vitu bandia

گەمەی ویدیۆیی
..................
kiweko cha video ya mchezo

سێچەرخە
..................
baiskeli ya magurudumu

ورچی یاری
..................
mwanasesere

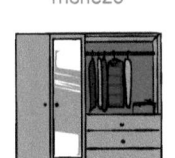

کەنتۆر
..................
kabati

matatu

## جلوبەرگ

## nguo

گۆرەوی
..................
soksi

گۆرەوی درێژ
..................
stokingi

گورەوی درێژ
..................
kibano

شاڵی مل
skafu

mwavuli

کراس
fulana

قایش، پشتێن
ukanda

پێڵاو
wakufunzi

چەکمە، پۆتین
viatu

پێڵاوی ماڵ
ndara

پاپوچ

malapa

کەوش، پێڵاو

viatu

چەکمەی چەرم

mabuti ya mpira

پانتۆڵی ژێرەوە

suruali ya ndani

ستیان، سوخمە

sidiria

جلیسقە

fulana

جەستە، لەش

mwili

پانتۆڵ

suruali

پانتۆڵ

dangirizi

دامەن، تەنوورە

sketi

کراس

blauzi

کراس

shati

بلووز

vuta

بلووز

sweta

چاکەت

bleza

چاکەت

jaketi

باڵتە

koti

بارانی

koti la mvua

پۆشاک

maleba

کراسی ژنانە

gauni

جلی زەماوەند

mavazi ya harusi

چاکەت و پانتۆڵ

suti

جلی خەو

vazi la usiku

جلی خەو

pajama

ساری

sari

لەچکە

skafu

جەمەدانە، سەرپێچ

kilemba

بۆرکا

burka

کەفتان

kaftan

عەبا

abaya

جل و بەرگی مەلەکردن

vazi la kuogelea

پانتۆڵی مەلە

vazi la kiume la kuogelea

پانتۆڵی کورت

kaptura

جلوبەرگی ڕاهێنان

teitei

بەروانکە، بەرکوشە

aproni

دەستەوانە

glavu

دوگمه

kifungo

چاویلکه

glasi

بازنه

bangili

ملوانکه

mkufu

ئەنگوستیله

pete

گواره

herini

کڵاو

kofia

داری جل هەڵواسین

kiango cha koti

کڵاو

kofia

بۆینباخ

tai

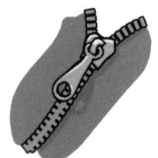

زیپ

zipu

کڵاوی پارێزەر

kofia

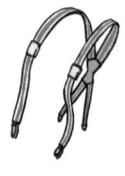

هەڵگر

kanda za suruali

جلی قوتابخانه

sare za shule

یەکپۆش

sare

بەرلیکە، بەرکۆشی منداڵ
..................
bibu

مەمکە مژە
..................
dummy

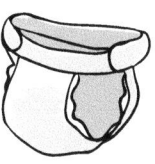

دایبی، پەڕۆشۆر
..................
nepi

# نووسینگە، فەرمانگە

# ofisi

seva
دۆڵابی بەڵگە
kabati la kuweka faili
کاغەز
karatasi
چاپکەر
kichapishaji
مۆنیتۆڕ، پیشانگەر
kiwambo
مێزی نووسین
dawati
ماوس
kipanya
بۆخچە
folda
تەختەکلیل
kibodi
سەبەتەی
pu cha kuweka karatasi chafu
کۆمپیوتەر
kompyuta
کورسی
kiti

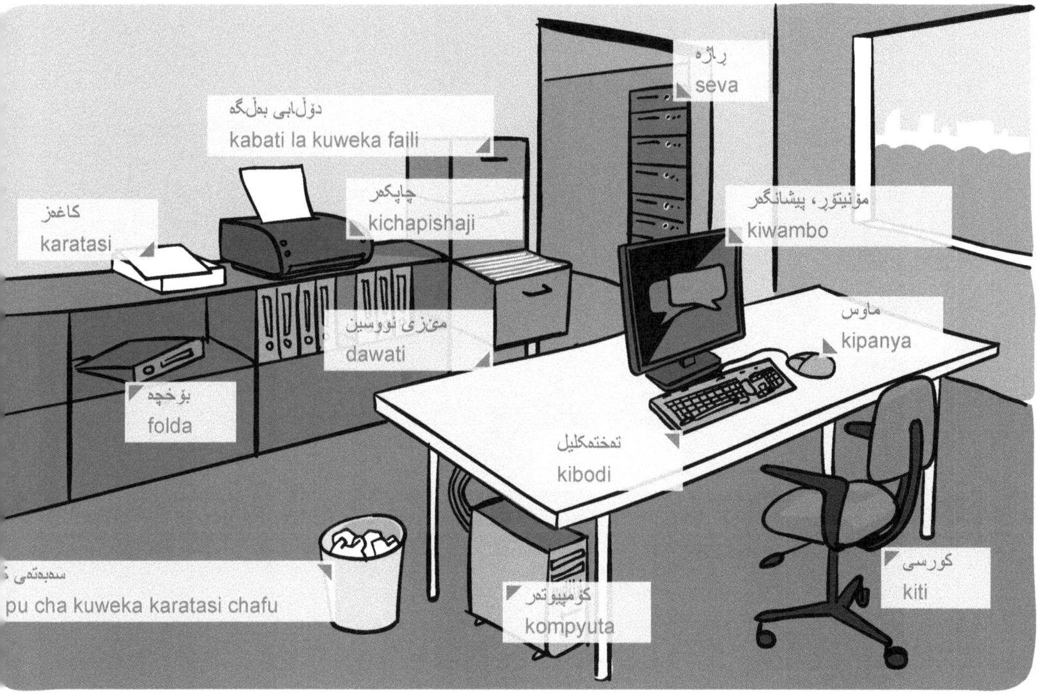

کۆپی قاوە
..................
kmobe la kahawa

ژمێرەر
..................
kikokotoo

ئینتەرنێت
..................
biashara

لەپتۆپ

..................

mbali

نامە

..................

barua

پەیام

..................

ujumbe

موبایل، تەلەفۆنی دەست

..................

rununu

تۆڕ

..................

intaneti

ئامێری لەبەرگرتنەوە، کۆپیکەر

..................

fotokopia

نەرمەکالا

..................

programu

تەلەفۆن

..................

simu

ساکێتی دووشاخە

..................

soketi

ئامێری فەکس

..................

kipepesi

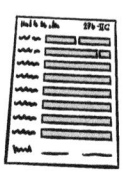

فۆڕم

..................

fomu

بەڵگە

..................

hati

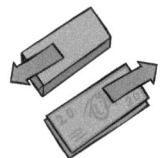

# ئابووری
# uchumi

کڕین

kununua

پارەدان

kulipa

بازرگانی، ئاڵوگۆڕکردن

biashara

پارە، دراو

fedha

دۆلار

dola

یۆرۆ

yuro

یەن

yeni

ڕوبڵی ڕووسی

rouble

فرانکی سویسی

faranga ya Uswisi

یوان، یەکەی دراوی چینی

renminbi yuan

ڕووپییە

rupia

مەکینەی پارە

eneo la kulipia

نووسینگەی گۆڕینەوەی دراو

ofisi ya ubadilishanaji

زێڕ

dhahabu

زیو

fedha

نەوت

mafuta

وزە

nishati

بەها، نرخ

bei

ڕێکەوتننامە

mkataba

باج

kodi

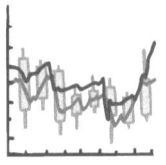

سەهام

bidhaa

کارکردن

kazi

کارمەند، کارکەر

mfanyakazi

خاوەنکار

mwajiri

کارخانە

kiwanda

دووکان

duka

فەرمانبەری پولیس
afisa wa polisi
ئاگرکووژێنەر
mzimamoto
چێشتلێنەر
mpishi
دکتۆر
daktari
فڕۆکەوان
rubani

باخەوان

mtunza bustani

دارتاش، مەرەنگوێز

seremala

خەییات

mshonaji

دادوەر

hakimu

کیمیازان

mwanakemia

شانۆگەر، شانۆکار

muigizaji

شۆفیری پاس

dereva wa basi

شۆفیر تاکسی

dereva wa teksi

ماسیگر

mvuvi

کڵفەت

mwanamke wa kusafisha

وەستای سەربان

mwezekaji

خزمەتکار

mhudumu

ڕاوچی

mwindaji

بۆیاخچی

mchoraji

نانکەر

mwokaji

کارەباچی

umeme

بەننا

mjenzi

ئەندازیار

mhandisi

قەساب

mchinjaji

وەستای بۆری

fundi bomba

پۆستەچی

mwanaposta

سەرباز

mwanajeshi

نەخشەکێش

msanifu majengo

ژمێریار، خەزەندار

keshia

گوڵفرۆش

muuza maua

ئارایشگەر

msusi

گەیێنەر

kondakta

میکانیک

mekanika

کەشتیوان

nahodha

ددانساز، دوکتوری ددان

daktari wa meno

زانا

mwanasayansi

مەلای جوولەکان

rabbi

ئیمام

imamu

کەسی ئایینی

mtawa

قەشە

kasisi

# ئامراز و کەرەستە

# zana

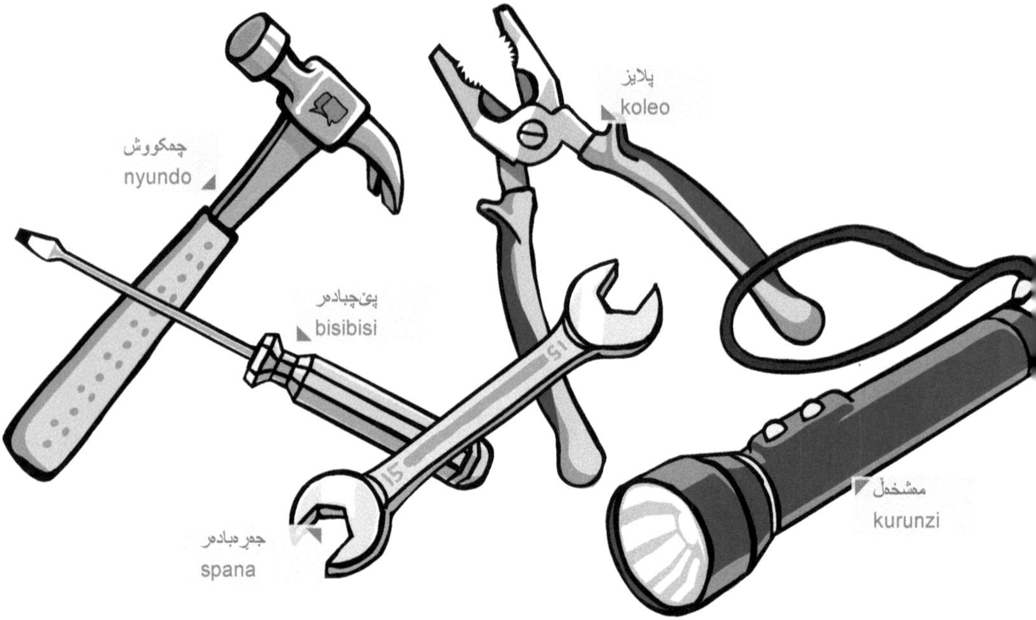

چەکووش
nyundo
پلایز
koleo
پێچبادەر
bisibisi
جەرەبادەر
spana
مەشخەڵ
kurunzi

شۆفڵ

..................

mchimbaji

سندووقی ئامراز

..................

sanduku la vifaa

پەیژە

..................

ngazi

مشار

..................

msumeno

بزمارەکان

..................

misumari

کونکەرە

..................

kuchimba visima

چاککردنەوە
kukarabati

پێمەڕە
sepetu

نەفرەت!
Lo!

خاکەناز
kishikio cha uchafu

قتووی بۆیاخ
chungu cha rangi

پێچەکان، جەرەکان
skurubu

## ئامێرەکانی مووزیک
## ala za muziki

قسەکەر، بڵندگۆ
spika

تاقمی تەپڵ
mpangilio wa ngoma

گیتار
gita

جۆری گیتار
besi mara mbili

زوڕنا
tarumbeta

پیانۆ

piano

کەمانچە

fidla

گیتار

ubeji

دەهۆڵ

timpani

تەپڵ

ngoma

تەختەکلیل

kibodi

ساکسافۆن

saksafoni

فلووت، شمشاڵ

filimbi

مایکرۆفۆن

maikrofoni

# باخچەی ئاژەڵان

# bustani ya wanyama

ناڤدەر، دەروازە
lango la kuingia
پڵینگ
simbamarara
قەفەز
ngome
کەرەکێوی
pundamilia

ئاژەڵەکان

wanyama

فیل

tembo

کانگۆرۆ

kangaruu

کەرکەدەن

kifaru

گۆریلا

sokwe

ورچ

dubu

وشتر

..................

ngamia

وشترمریشک

..................

mbuni

شێر

..................

simba

مەیموون

..................

tumbili

فلامینگۆ

..................

heroe

تووتی

..................

kasuku

ورچی جەمسەری

..................

dubu

پێنگوین

..................

penguini

قرش، سەگەماسی

..................

papa

تاووس

..................

tausi

مار

..................

nyoka

تیمساح

..................

mamba

پارێزەری باخچەی ئاژەڵان

..................

mtunza wanyama

سەگی دەریایی

..................

muhuri

پڵینگ

..................

jaguar

ئەسپی قەزەم
..................
mwanafarasi

پشیلەی پڵینگی
..................
chui

ئەسپی ئاوی
..................
kiboko

زەرافە
..................
twiga

هەڵۆ
..................
tai

بەرازی کێوی
..................
nguruwe mwitu

ماسی
..................
samaki

کیسەڵ
..................
kobe

واڵڕاس، ئاژەڵێکی دەریایی
..................
sili

ڕێوی
..................
mbweha

ئاسک
..................
paa

# وەرزش

# michezo

تۆپیپێی ئەمریکی
soka ya marekani
دووچەرخەلێخوڕین
uendeshaji baiskeli
تێنیس
tenisi
تۆپی باسکە
mpira wa kikapu
مەلەکردن
kuogelea
بۆکسێن
ndondi
هۆکی سەر سەهۆل
magongo ya barafuni

فووتبۆڵ

soka

بەدمینتۆن

vinyoya

وەرزشوان

riadha

هەندباڵ

mpira wa mikono

خلیسکێن

skii

پۆلۆ

polo

نووسین

kuandika

وێنەکێشان

kuteka

نیشاندان

angalia

پاڵ پێوەنان

sukuma

دان

kutoa

هەڵگرتن

kuchukua

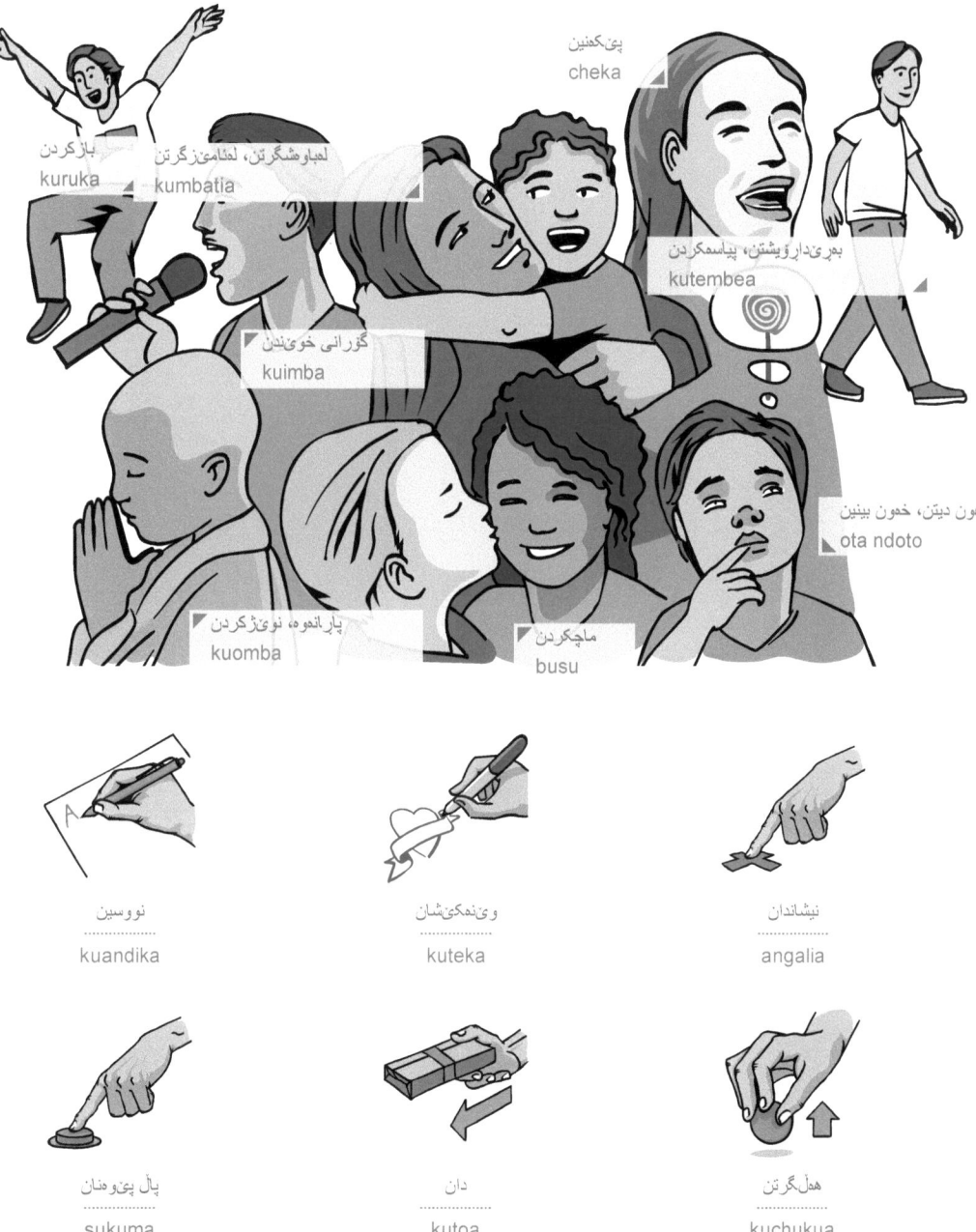

هەبوون

kuwa

کردن

fanya

بوون

kuwa

ڕاوەستان

kusimama

هەڵاتن

kukimbia

کێشان

vuta

هاویشتن

kutupa

کەوتن

kuanguka

درۆکردن

hadaa

چاوەڕێبوون

kusubiri

هەڵگرتن

kubeba

دانیشتن

kukaa

جل لەبەرکردن

vaa nguo

خەوتن

usingizi

لەخەو هەستان

kuamka

چاولێکردن

kuangalia

گریان

lia

جەڵتەلێدان

kiharusi

قژداهێنان، شانەکردن

chana nywele

قسەکردن

ongea

تێگەیشتن

kuelewa

پرسیارکردن، پرسین

kuuliza

گوێڕاگرتن

kusikiliza

خواردنەوە

kunywa

خواردن

kula

ڕێکوپێک کردن

nadhifisha

خۆشویستن

upendo

چێش لێنان

mpishi

شۆفێری کردن

gari

فڕین

kuruka

کەشتیوانی
..................
meli

حساب‌کردن، ژماردن
..................
kokotoa

خوێندنەوە
..................
kusoma

فێربوون
..................
kujifunza

کارکردن
..................
kazi

زەماوەندکردن
..................
kuoa

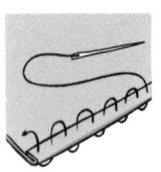

دورین، دورومانکردن
..................
kushona

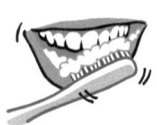

فڵچە لەددان دان
..................
piga mswaki

کوشتن
..................
kuua

جگەرەکێشان
..................
moshi

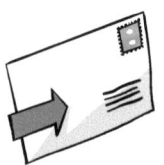

ناردن
..................
kutuma

familia

دایمگەورە
bibi
باوەگەورە
babu
باوک، باب
baba
دایک
mama
منداڵی ساوا
mtoto
کچ
binti
کوڕ
bin

میوان
mgeni

پوور
shangazi

مام، خاڵ
mjomba

برا
kaka

خوشک
dada

# جەستە، لەش

# mwili

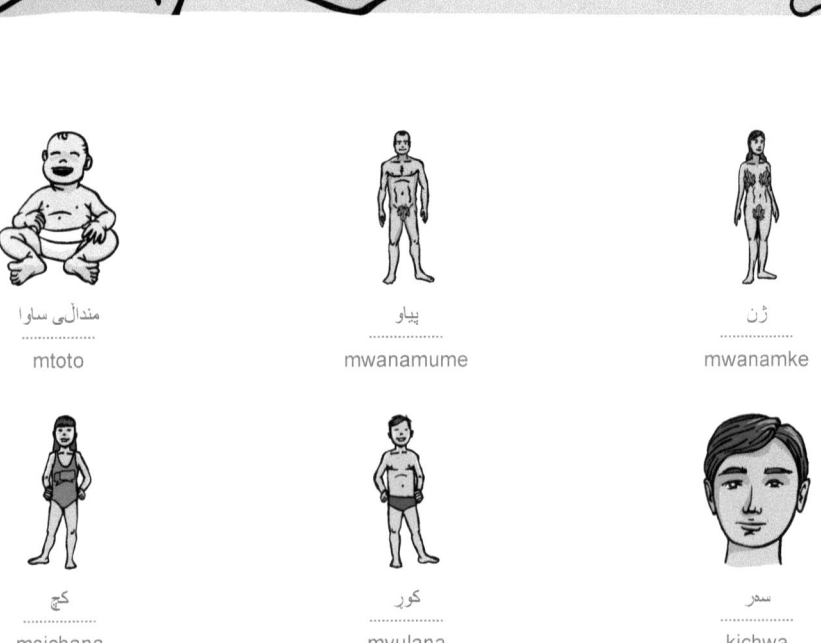

ناوچاوان، توێڵ
paji la uso
چاو
jicho
شان
bega
قامک
kidole
دەموچاو، ڕوومەت
uso
چەنە
kidevu
دەست
mkono
سنگ
matiti
لاق
mguu
باسک، قۆڵ
mkono

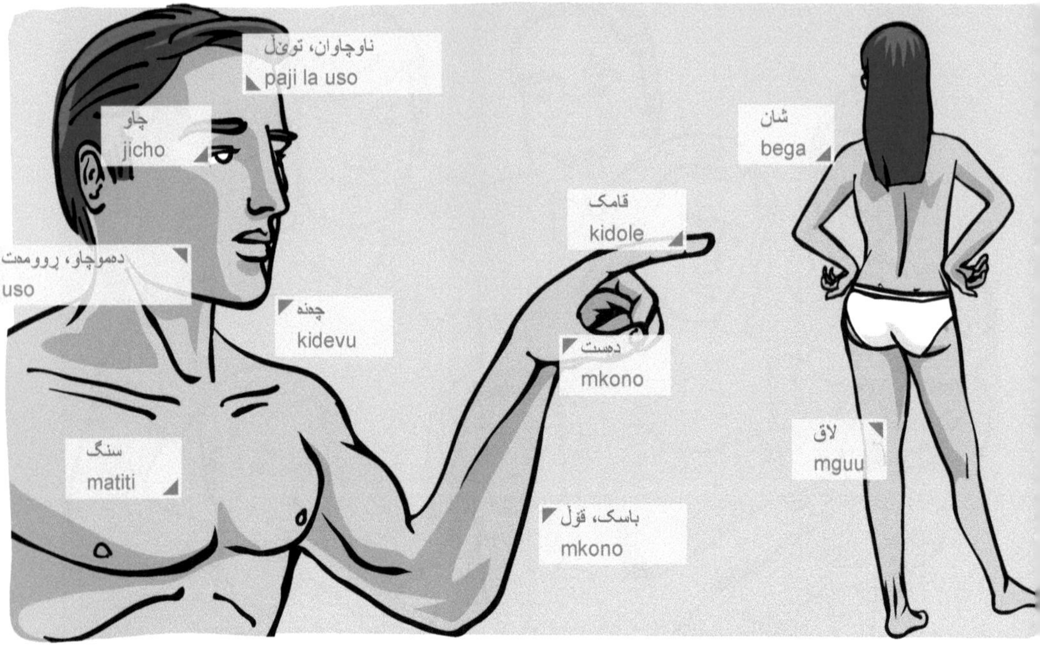

منداڵی ساوا

mtoto

پیاو

mwanamume

ژن

mwanamke

کچ

msichana

کوڕ

mvulana

سەر

kichwa

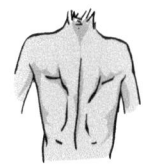

پشت

nyuma

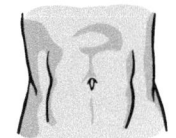

زگ

tumbo

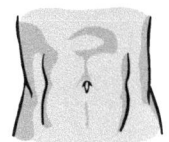

ناوک

kitovu

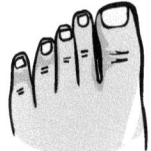

قامکی پێ

chano

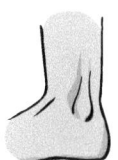

پاژنەی پێ

kisigino

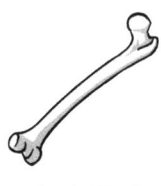

ئێسقان، ئێسک

mfupa

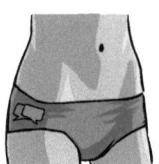

سمت

nyonga

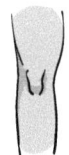

ئەژنۆ

goti

ئانیشک

kiwiko

لووت

pua

قوون

chini

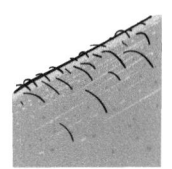

پێست

ngozi

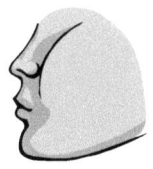

گوپ

shavu

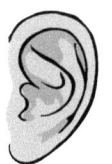

گوێ

sikio

لێو

mdomo

دەم، زار

kinywa

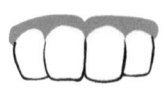

ددان

jino

زمان

ulimi

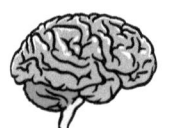

مێشک

ubongo

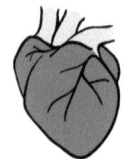

دڵ

moyo

ماسوولکە

misuli

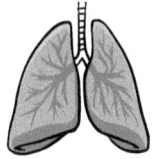

سیپەلاک، سی

pafu

جەرگ

ini

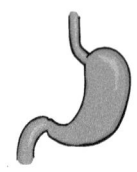

گەدە

tumbo

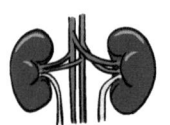

گورچیلە

figo

سێکس

jinsia

کۆندۆم

kondomu

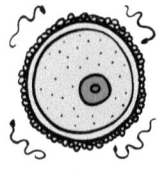

توو، گەرا

ovari

تۆو

shahawa

دووگیانی

mimba

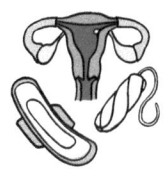

کەوتنە سەر خوێن

hedhi

زێ

uke

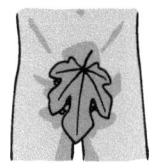

کێر

uume

برۆ

unyusi

قژ

nywele

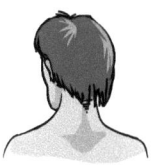

مل

shingo

# نەخۆشخانە، خەستەخانە
# hospitali

ئامبولانس
gari la wagonjwa
کورسی کەمئەندامان
kiti cha magurudumu
شکانی ئێسک
jeraha

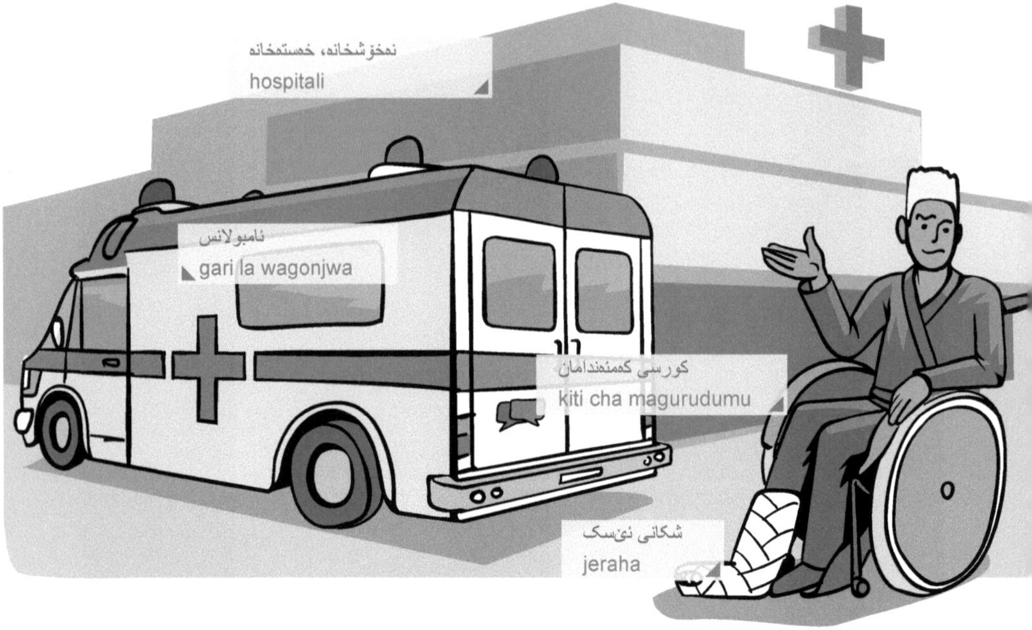

دکتۆر
..................
daktari

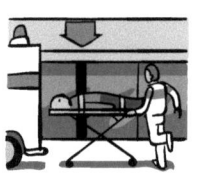

ژووری فریاکەوتن
..................
chumba cha dharura

نەخۆشوان
..................
muuguzi

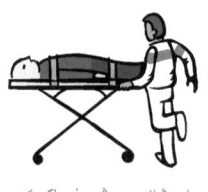

ئورژانس، بەشی فریاکەوتن
..................
dharura

بێهۆش
..................
kupoteza fahamu

ژان، ئێش
..................
maumivu

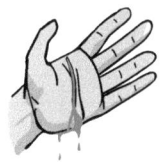

برینداری

..................

kuumia

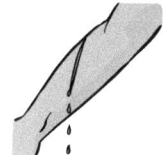

خوێنڕێژی

..................

kutokwa na damu

جەڵتەی دڵ

..................

mshtuko wa moyo

جەڵتە

..................

kiharusi

ئالێرژی، هەستیاری

..................

mzio

کۆخە

..................

kikohozi

تا

..................

homa

ئەنفلۆنزا

..................

mafua

زگچوون

..................

kuharisha

سەرێشە، ژانەسەر

..................

maumivu ya kichwa

سەرەتان

..................

kansa

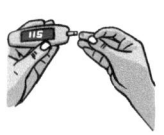

شەکرە

..................

ugonjwa wa kisukari

نەشتەرگەر

..................

daktari mpasuaji

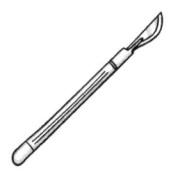

نەشتەر، چەقۆی توێکاری

..................

kisu kidogo cha kupasulia

نەشتەرگەری

..................

operesheni

CT

picha changanufu ya mwili

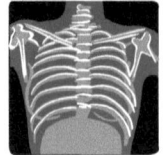

تیشکی ئێکس

Eksrei

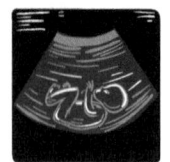

ئوڵتراساوند

mawimbi sauti

ماسکی ڕوومەت

barakoa ya uso

نەخۆشی

ugonjwa

ژووری چاوەڕێبوون

chumba cha kusubiri

گۆچان

mkongojo

مشەما

plasta

برین پێچ

bendeji

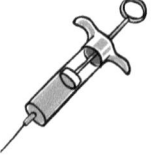

دەرزی لێدان

sindano

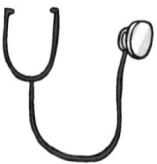

بیستۆکی پزیشک

stetoskopu

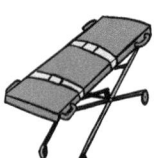

داربەست

machela

گەرماپێوی کلینیکی

kipimajoto cha kliniki

لەدایکبوون

kuzaliwa

زیادەکێش/قەڵەویی

unene kupita kiasi

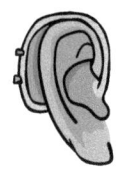

بیستۆک

kusikia misaada

میکرۆبکوژ

kipukusi

چڵک

maambukizi

ویروس

virusi

ئەیدز

VVU / UKIMWI

دەرمان

dawa

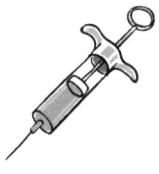

کوتان

chanjo

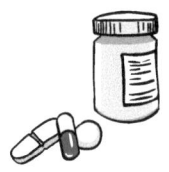

حەب

vidonge

حەب

kidonge

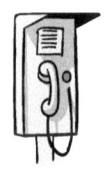

تەلەفۆنی فریاکەوتن

simu ya dharura

پیشانگەری پەستانی خوێن

haemodainamometa

نەخۆش / سڵامەت

mgonjwa / mwenye afya

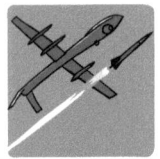

# ئورژانس، بەشی فریاکەوتن

## dharura

یارمەتی!
.................
Msaada!

ئاگادارکردنەوە، ئەلارم
.................
kengele

دەستدرێژی
.................
pigo

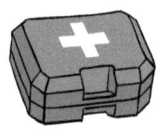

هێرشکردن
.................
shambulizi

مەترسی
.................
hatari

چوونەدەرەوەی ئورژانس
.................
lango la dharura

ئاگر!
.................
Moto!

ئاگرکوژێنەوە
.................
kizima moto

ڕووداو، پێشهات
.................
ajali

قوتووی یارمەتی فریاکەوتن
.................
vifaa vya huduma ya kwanza

SOS
.................
wito wa msaada

پولیس
.................
polisi

ئەورۆپا
....................
Ulaya

ئەمریکای باکوور
....................
Amerika ya Kaskazini

ئەمریکاری باشوور
....................
Amerika ya Kusini

ئافریقا
....................
Afrika

ئاسیا
....................
Asia

ئوسترالیا
....................
Australia

ئەتڵەسی، ئۆقیانووسی ئەتڵەسی
....................
Atlantiki

زەریای هێمن
....................
Pasifiki

ئۆقیانووسی هیندی
....................
Bahari ya Hindi

ئۆقیانووسی جەمسەری باشوور
....................
Bahari ya Antaktiki

ئۆقیانووسی جەمسەری باکوور
....................
Bahari ya Aktiki

جەمسەری باکوور
....................
Ncha ya Kaskazini

جەمسەری باشوور

Ncha ya Kusini

ناوچەی جەمسەری باشوور

Antaktika

ئەرز، زەوی

dunia

خاک، وشکانی

nchi

دەریا، زەریا

bahari

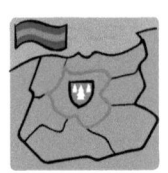

دوورگە

kisiwa

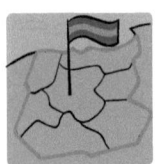

گەل، نەتەوە

taifa

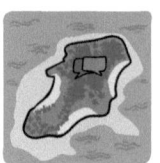

وڵات، پارێزگا، دەوڵەت

jimbo

روخساری کاتژمێر

..................

uso wa saa

نیشاندەری کاتژمێر

..................

akrabu ya saa

نیشاندەری خولەک

..................

akrabu ya dakika

دەستی دوو

..................

akrabu ya sekunde

کاتژمێر چەندە؟، سەعات چەندە؟

..................

Ni saa ngapi?

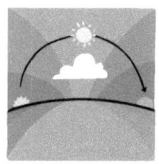

ڕۆژ

..................

siku

کات، زەمان

..................

wakati

ئێستا، هەنووکە

..................

sasa

کاتژمێری دیجیتاڵی

..................

saa ya dijitali

خولەک

..................

dakika

کاتژمێر

..................

saa

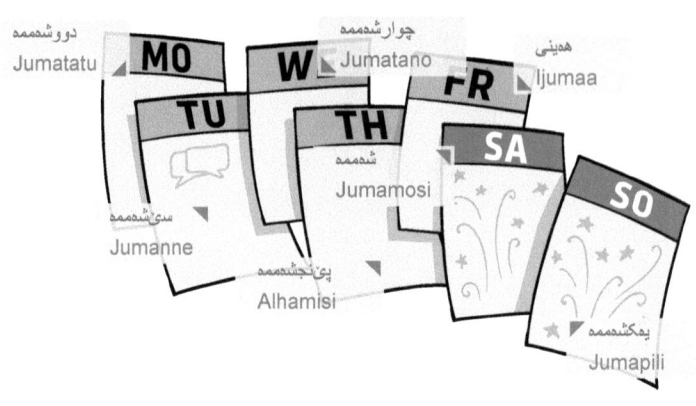

# هەفتە

# wiki

دووشەممە
Jumatatu
MO
TU
سێشەممە
Jumanne
چوارشەممە
Jumatano
TH
پێنجشەممە
Alhamisi
هەینی
Ijumaa
SA
شەممە
Jumamosi
SO
یەکشەممە
Jumapili

دوێنێ

jana

ئەمڕۆ، ئەوڕۆ

leo

سبەینێ

kesho

بەیانی

asubuhi

نیوەڕۆ

saa sita mchana

ئێوارە

jioni

ڕۆژی کار

siku za biashara

کۆتایی هەفتە

mwishoni mwa wiki

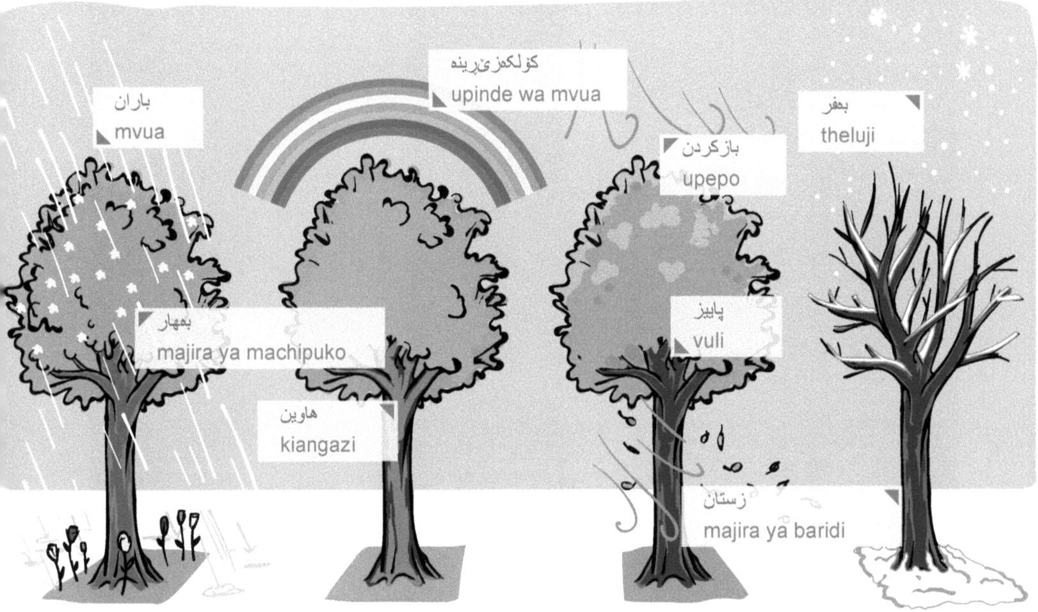

باران
mvua
كۆلكەزێرینە
upinde wa mvua
بازكردن
upepo
بەفر
theluji
بەهار
majira ya machipuko
هاوین
kiangazi
پاییز
vuli
زستان
majira ya baridi

4.APRIL 11°
5.APRIL 4°
6.APRIL 13°
7.APRIL 8°
8.APRIL 10°

پێشبینی هەوا

utabiri wa hali ya hewa

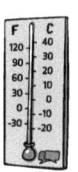

گەرماپێو

kipimajoto

خۆرەتاو

mwanga wa jua

هەور

wingu

تەمومژ

ukungu

تەرایی

unyevu

هەورەتریشقە، بروسکە

umeme

هەورەگرمە

radi

باوبۆران، تۆفان

dhoruba

تەرزە

mvua ya mawe

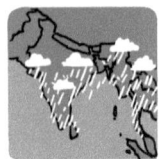

مانسوون

monsuni

لافاو

mafuriko

سەهۆڵ

barafu

جانیەوەری

Januari

فێبریوەری

Februari

مارچ

Machi

ئەیپریل

Aprili

مەی

Mei

جوون

Juni

جوولای

Julai

ئۆگۆست

Agosti

سیّپتەمبەر

Septemba

ئۆکتۆبەر

Oktoba

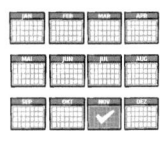

نۆڤەمبەر

Novemba

دیّسەمبەر

Desemba

## شێوەکان

## maumbo

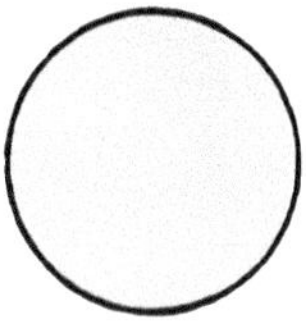

بازنە

mduara

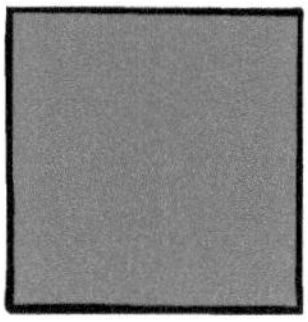

چوارگۆشە

mraba

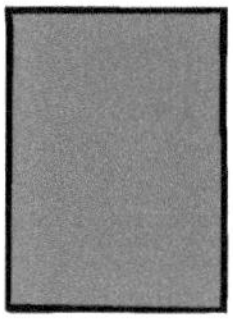

چوارگۆشەی درێژ

mstatili

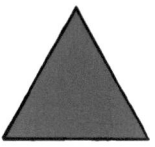

سێگۆشە

pembetatu

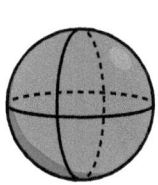

تۆپ، گۆ

nyanja

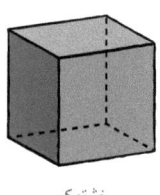

خشتەک

mchemraba

# ڕەنگەکان

# rangi

سپی
..................
nyeupe

زەرد
..................
manjano

پرتەقاڵیی
..................
chungwa

پەمەیی
..................
rangi ya waridi

سوور
..................
nyekundu

بنەوش
..................
hudhurungi

شین
..................
bluu

سەوز
..................
kijani

قاوەیی
..................
hanja

بۆر
..................
jivujivu

ڕەش
..................
nyeusi

# دژبەرەکان

# kinyume

زۆر / کەم

mengi / kidogo

تووڕە / لەسەرەخۆ

hasira / pole

جوان / ناحەز

nzuri / mbaya

سەرەتا / کۆتایی

mwanzo / mwisho

گەورە / چکۆلە

kubwa / ndogo

ڕووناک / تاریک

angavu / giza

برا / خوشک

kaka / dada

خاوێن / چڵکن

safi / chafu

تەواو / ناتەواو

kamilika / tokamilika

ڕۆژ / شەو

siku / usiku

مردوو / زیندوو

wafu / hai

پان / تەنگ

pana / nyembamba

خۆش / ناخۆش

kulika / kutolika

نەگریس / بەبەزەیی

ovu / ema

وروژاو / بێزار

sisimkwa / udhika

قەڵەو / لاواز

nene / nyembamba

یەکەم / ئاخر

kwanza / mwisho

دۆست / دوژمن

rafiki / adui

پڕ / خاڵی

jaa / tupu

ڕەق / نەرم

ngumu / laini

قورس / سووک

nzito / nyepesi

برسی / توونی

njaa / kiu

نەخۆش / سڵامەت

mgonjwa / mwenye afya

نایاسایی / یاسایی

haramu / kisheria

زیرەک / گەمژە

akili / kijinga

چەپ / ڕاست

kushoto / kulia

نزیک / دوور

karibu / mbali

نوێ / کۆن، بەکارهاتوو

mpya / kutumika

هیچ شتێک / شتێک

kitu / jambo

پیر / لاو

zee / changa

هەڵکراو / کوژاوه

waka / zima

کراوه / داخراو

wazi / fungwa

بێدەنگ / دەنگی بەرز

utulivu / kelele

دەوڵەمەند / هەژار

tajiri / masikini

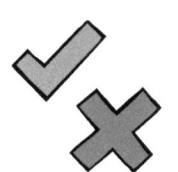

ڕاست / هەڵه

sahihi / kosa

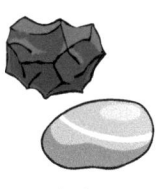

زبر / ساف

mbaya / laini

خەمین / خۆشحاڵ

huzunika / furahia

کورت / درێژ

fupi /ndefu

هێواش / خێرا

polepole / haraka

تەڕ / وشک

nyevu / kavu

گەرم / فێنک

joto / baridi

شەڕ / ئاشتی

vita / amani

# ژمارەکان

## nambari

| | | |
|---|---|---|
| 0 | 1 | 2 |
| سیفر | یەک | دوو |
| sufuri | moja | mbili |
| 3 | 4 | 5 |
| سێ | چوار | پێنج |
| tatu | nne | tano |
| 6 | 7 | 8 |
| شەش | حەوت | هەشت |
| sita | saba | nane |
| 9 | 10 | 11 |
| نۆ | دە | یازدە |
| tisa | kumi | kumi na moja |

| | | |
|---|---|---|
| 12 | 13 | 14 |
| دوازده | سێزده | چوارده |
| kumi na mbili | kumi na tatu | kumi na nne |
| 15 | 16 | 17 |
| پازده، پانزه | شازده | حەفده |
| kumi na tano | kumi na sita | kumi na saba |
| 18 | 19 | 20 |
| هەژده | نۆزده | بیست |
| kumi na nane | kumi na tisa | ishirini |
| 100 | 1.000 | 1.000.000 |
| سەد | هەزار | میلیۆن |
| mia | elfu | milioni |

# زمانەکان

## lugha

ئینگلیزی

..................

Kiingereza

ئینگلیزی ئەمەریکی

..................

Kiingereza cha Marekani

چینی ماندارین

..................

Kimandarini cha Uchina

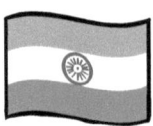

هیندی

..................

Kihindi

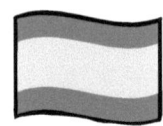

ئیسپانی

..................

Kihispania

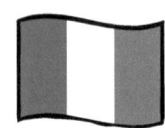

فەرەنسی

..................

Kifaransa

عەرەبی

..................

Kiarabu

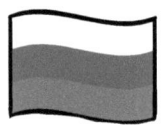

ڕووسی

..................

Kirusi

پۆرتوگالی

..................

Kireno

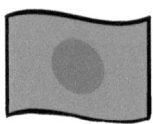

بەنگالی

..................

Kibengali

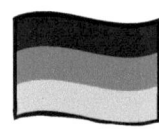

ئاڵمانی

..................

Kijerumani

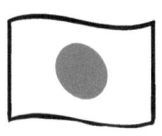

ژاپۆنی

..................

Kijapani

# کێ / چی / چۆن
# ambao / nini / jinsi

من

mimi

تۆ

wewe

ئەو

yeye / yeye / ni

ئێمە

sisi

ئێوە

wewe

ئەوان

wao

کێ؟

nani?

چی؟

nini?

چۆن؟

jinsi gani?

لەکوێ؟

wapi?

کەنگێ؟ کەی؟

lini?

ناو

jina

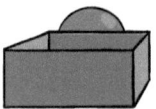

# شوێن

# wapi

لەپشت

nyuma

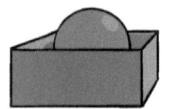

لە

katika

لەپێش

mbele ya

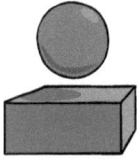

سەری

juu ya

لەسەر

kwenye

ژێر

chini ya

لە تەنیشت

kando

لەنێوان

kati

شوێن، جێ

mahali